Le labo de la boue

Shar Levine et **Leslie Johnstone**

Illustrations de **Lorenzo Del Bianco**

25 expériences avec de la terre

Texte français de **Claude Cossette**

Éditions **SCHOLASTIC**

À la douce mémoire d'Elsa et Harry Rosenberg
— Shar

Félicitations à Emily et à Chris!
— Leslie

Remerciements
Nous remercions les personnes suivantes de leurs conseils d'experts et de leur aide :
Murray Isman, doyen et professeur (entomologie/toxicologie) au département des sciences agricoles de l'Université de la Colombie-Britannique; Maja Krzic, Ph. D., professeure adjointe au département des sciences forestières et des sciences agricoles de l'Université de la Colombie-Britannique; Sandra Brown, Ph. D., chargée de cours et associée en recherche en sciences du sol et biologie appliquée au département des sciences agricoles de l'Université de la Colombie-Britannique; et Carl Zimmer.

Catalogage avant publication de Bibliothèque et Archives Canada
Levine, Shar, 1953-
Le labo de la boue : 25 expériences avec de la terre / Shar Levine et
Leslie Johnstone ; illustrations de Lorenzo Del Bianco ; texte français de
Claude Cossette.
Traduction de: Dirty science.
ISBN 978-1-4431-1355-7
1. Sols--Expériences--Ouvrages pour la jeunesse. I. Johnstone,
Leslie II. Titre.
S591.3.L4914 2013   j631.4078   C2013-900328-2

Édition publiée par les Éditions Scholastic, 604, rue King Ouest, Toronto (Ontario) M5V 1E1 CANADA.

6 5 4 3 2 1   Imprimé au Canada 46   13 14 15 16 17

Table des matières

Introduction

Le titre de ce livre pourrait t'induire en erreur. En effet, les mots « boue », « **terre** » et « **sol** » ne représentent pas du tout la même chose pour un pédologue, une personne qui étudie les sols.

Le sol est un écosystème; il contient non seulement des roches et des **minéraux**, mais aussi des vers, des insectes, des **bactéries**, des **champignons** et des végétaux qui vivent grâce à l'eau, à l'air, aux végétaux et aux animaux en décomposition qui y sont présents. Lorsque la terre contient uniquement des matières inorganiques, elle est infertile, c'est-à-dire qu'on ne peut rien y cultiver.

Dans ce livre, tu apprendras des choses intéressantes sur la terre sous tes pieds et tu découvriras qu'il n'y aurait pas de vie sur la planète sans elle.

La terre fournit aux plantes et aux arbres la nourriture dont ils ont besoin pour pousser. L'eau et l'air peuvent être purifiés en passant dans la terre qui agit comme un filtre. On utilise aussi de la terre pour créer des routes, des bâtiments et de la porcelaine. Et, bien entendu, certaines créatures comme les vers de terre, les taupes et les porcs-épics creusent la terre pour se faire une maison.

Attention, ça va être salissant!

N'OUBLIE PAS!

Demande toujours la permission à un parent avant de creuser un trou dans un jardin. Et ne mange rien qui provient des expériences réalisées dans ce livre, à moins d'instructions contraires.

NOTE À L'INTENTION DES PARENTS ET DES ENSEIGNANTS

Dans la poésie et la prose, les mots « terre », « boue », « sol » et même « poussière » sont interchangeables. La science, par contre, est très rigoureuse et les mots scientifiques ont des définitions précises. Il vaut toujours mieux utiliser les mots qui ont une définition scientifique.

La science des sols étant complexe, on pourrait dire que ce livre ne fait qu'en gratter la surface. Il est bien évident que nous ne pouvons examiner en profondeur tout ce qui concerne la formation, la composition et la conservation des sols. Les expériences que nous vous proposons se veulent amusantes et constituent une introduction au monde qui se trouve sous vos pieds. Les enseignants peuvent intégrer ces expériences à une leçon portant sur les sciences de la Terre. Et les parents peuvent facilement essayer ces activités à la maison sans acheter de fournitures chères.

Allons creuser un peu le sujet!

1. Terre et matière

Tu crois peut-être que la terre est partout la même, mais savais-tu que les sols sont uniques, tout comme les empreintes digitales? Tous les sols sont composés des mêmes types de matières, mais la quantité de chacune d'entre elles varie. Voyons comment on peut identifier les différents types de sols.

Il te faut :

- l'aide d'un adulte
- un transplantoir (petite pelle de jardin)
- une tasse à mesurer de 500 ml (2 tasses)
- 3 ou 4 échantillons de terre recueillis à différents endroits dans un jardin, une forêt, un parc ou un champ

- des sacs en plastique refermables
- un marqueur
- du papier journal
- une loupe
- un tamis
- un crayon ou un stylo
- un calepin

Marche à suivre :

1. Avec le transplantoir, recueille environ 500 ml (2 tasses) de terre dans divers endroits.

2. Mets chaque échantillon dans un sac en plastique refermable et avec le marqueur inscris dessus d'où il provient. Emporte tes échantillons chez toi.

3. Pose une feuille de papier journal sur une table. Verse un des échantillons de terre dans le tamis. Donne de petits coups sur le tamis ou secoue-le au-dessus du papier journal jusqu'à ce qu'il n'y ait plus de terre qui tombe sur le papier.

4. Avec la loupe, examine la terre sur le papier et ce qui reste dans le tamis. Quelle est la couleur de la terre? Quels genres de roches ou de matières sont restés dans le tamis? Y a-t-il des insectes, des vers ou d'autres matières dans le tamis? Quelle quantité de terre est passée par le tamis?

5. Utilise un stylo pour noter tes observations dans un calepin. Refais les étapes 3 à 5 avec tes autres échantillons. Les résultats sont-ils tous pareils?

QUE S'EST-IL PASSÉ?

Tu as remarqué que la terre n'a pas toujours les mêmes propriétés. Selon l'endroit où tu as creusé, tu as peut-être constaté qu'un échantillon contenait beaucoup de sable tandis qu'un autre avait plus de gazon et de racines. La terre est un mélange de matières organiques et inorganiques, d'air et d'eau. Les **matières organiques** dans le sol peuvent comprendre des végétaux, des insectes ou des vers, des feuilles en décomposition ou des bactéries. Les matières inorganiques dans le sol sont la roche et les minéraux que l'on trouve sous forme de sable, de limon et d'**argile**.

Le savais-tu?

Il arrive que l'on trouve de la terre comme élément de preuve sur une scène de crime. On fait alors appel à des géologues judiciaires qui tentent de déterminer d'où elle provient. Ces scientifiques ont aidé à faire condamner des personnes en étudiant la terre trouvée sur le lieu du crime.

2. Crémeux ou croquant

Maintenant que tu sais que chaque sol est unique, quel type de terre se trouve sous tes pieds? Les scientifiques ont inventé une manière de classer cette matière avec rapidité et simplicité sans avoir besoin d'un équipement de laboratoire sophistiqué. Voyons quelles sont ces méthodes.

Il te faut :

- des mottes de terre provenant de divers endroits, comme un jardin, une forêt, un champ, etc.
- de l'eau
- du papier
- un stylo

Marche à suivre :

1. Prends une poignée de terre et ajoutes-y une goutte ou deux d'eau. Roule le mélange dans tes mains. Ajoute de petites quantités d'eau jusqu'à ce que la terre soit humide.

2. Essaie de former une boule avec la terre. La boule tient-elle ou se défait-elle? Si elle se défait et semble sèche, ajoute un peu plus d'eau; si elle semble trop mouillée, ajoute de la terre. Si la boule est humide et continue à se défaire, c'est qu'elle contient surtout du sable.

3. Si tu as réussi à former une boule avec ta terre, roule-la entre tes paumes pour lui donner la forme d'un ver. Si tu n'arrives pas à lui donner la forme d'un ver, il s'agit d'un sol sableux-limoneux à texture grossière.

4. Essaie de transformer le ver en anneau. Est-ce qu'il se brise? Il sera plus facile de former un anneau avec de la terre qui contient plus d'argile. Les sols qui se défont sont de type **loameux**.

5. Ajoute de l'eau à un peu de terre. Décris la texture de la terre mouillée dans tes mains. Est-elle lisse comme du beurre ou plutôt rugueuse comme du beurre d'arachide croquant? Les sols plus lisses sont limoneux et les sols à texture grossière sont sablonneux.

6. Répète ces étapes avec chaque échantillon de terre. Quelles différences y a-t-il entre chaque échantillon?

QUE S'EST-IL PASSÉ?

Tu as pu classer tes échantillons de terre en fonction de leur texture. La texture est importante parce qu'elle te permet de choisir le type de terre en fonction d'un objectif précis. Les sols sablonneux sont une bonne base pour construire des routes et des bâtiments. La meilleure terre pour cultiver des végétaux contient environ une partie d'argile mélangée à deux parties de sable et deux parties de limon. On appelle le sol contenant le mélange de ces trois matières « sol loameux ». Il existe douze catégories de terre. On utilise le mot « texture » pour décrire le mélange de sable, d'argile et de limon.

Le savais-tu?

Crois-tu que des plantes pourraient pousser sur Mars? Selon la NASA (*National Aeronautics and Space Administration*), il ne manque qu'un peu d'eau sur la planète rouge pour y faire un potager. Les végétaux comme les navets et les asperges peuvent pousser dans des sols très alcalins comme ceux que l'on trouve sur Mars, ce qui signifie qu'en théorie on pourrait les cultiver là-bas. On ne sait pas par contre si les enfants des Martiens refuseraient d'en manger.

3. Particules particulières

Dans « Crémeux ou croquant » (à la page 8), tu as appris à classer les sols selon leur texture. Tu verras avec cette activité qu'il n'y a pas que la texture qui compte.

Il te faut :

- 3 bouteilles en plastique transparent de forme cylindrique (les bouteilles de jus à large goulot sont parfaites) avec leurs bouchons
- de l'eau
- du terreau

- du sable
- de petites mottes de terre provenant d'un jardin ou d'une pelouse
- des tasses à mesurer

Marche à suivre :

1. Remplis la première bouteille d'eau aux deux tiers environ. Déposes-y 125 ml (½ tasse) de terreau, puis ajoute de l'eau pour remplir la bouteille jusqu'au bord. Visse bien le bouchon. Inscris le chiffre « 1 » sur cette bouteille. Secoue la bouteille, puis pose-la sur une surface plane.

2. Remplis la deuxième bouteille d'eau aux deux tiers environ. Mélange 60 ml (¼ tasse) de terreau avec 60 ml (¼ tasse) de sable, puis verse ce mélange dans la bouteille d'eau. Remplis la bouteille d'eau jusqu'au bord et visse le bouchon. Inscris le chiffre « 2 » sur cette bouteille. Secoue bien la bouteille, puis pose-la à côté de la première.

3. Remplis la troisième bouteille d'eau aux deux tiers environ. Laisses-y tomber une motte de terre provenant d'un jardin ou d'une pelouse (environ 125 ml, soit ½ tasse), puis remplis la bouteille d'eau. Inscris le chiffre « 3 » sur cette bouteille. Secoue-la bien, puis pose-la à côté des deux autres.

4. Laisse les bouteilles reposer toute une nuit pour permettre aux particules solides de se déposer. Regarde les matières dans les bouteilles. Est-ce que tu vois différentes couches?

QUE S'EST-IL PASSÉ?

Tu as pu examiner plusieurs couches de minéraux dans tes bouteilles. Quand tu as mélangé la terre et l'eau, les particules de la terre se sont séparées. Les plus grosses ont coulé au fond de la bouteille en premier, tandis que les plus petites ont mis plus de temps. Le limon, qui vient au deuxième rang par ordre de grosseur de particules, s'est déposé sur le sable. Les particules d'argile, les plus petites, ont formé la couche supérieure de ton échantillon. Il est important de connaître les types de couches dont le sol est composé. Par exemple, construire un pont ou une maison sur un sol qui contient trop de sable rend ces structures instables et elles risquent de s'écrouler.

Le savais-tu?

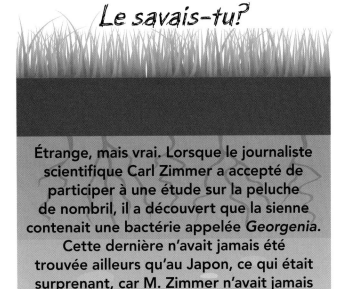

Étrange, mais vrai. Lorsque le journaliste scientifique Carl Zimmer a accepté de participer à une étude sur la peluche de nombril, il a découvert que la sienne contenait une bactérie appelée *Georgenia*. Cette dernière n'avait jamais été trouvée ailleurs qu'au Japon, ce qui était surprenant, car M. Zimmer n'avait jamais mis les pieds dans ce pays!

4. Vue de profil

Va faire un tour dans ton quartier. Y a-t-il un chantier de construction ou une colline avec un versant qui laisse entrevoir les couches du sol? Combien de couches peux-tu voir? Le sol comprend habituellement plusieurs couches. Nous allons fabriquer un profil de sol comestible.

Il te faut :

- l'aide d'un adulte
- un moule à pain jetable en aluminium (ou un moule à pain tapissé de papier d'aluminium)
- des biscuits graham
- des guimauves
- de la crème glacée au chocolat ou un autre dessert glacé

- de la crème glacée à la vanille ou un autre dessert glacé
- 250 ml (1 tasse) de brisures de chocolat mi-sucré ou au lait
- un bol allant au four à micro-ondes
- de la chapelure de biscuits au chocolat
- un couteau tranchant

Marche à suivre :

1. Dispose une couche de biscuits graham au fond d'un moule à pain jetable.

2. Dépose une couche de guimauves sur les biscuits.

3. Laisse la crème glacée au chocolat ramollir un peu afin de pouvoir la brasser avec une cuillère. Ensuite, avec la cuillère, recouvre les guimauves d'une couche de crème glacée. Mets le moule au congélateur pour faire durcir la crème glacée.

4. Laisse la crème glacée à la vanille ramollir un peu afin de pouvoir la brasser avec une cuillère. Ensuite, avec la cuillère, étends une épaisse couche de crème glacée à la vanille sur la crème glacée au chocolat. Mets le moule au congélateur pour faire durcir la crème glacée.

5. Dépose les brisures de chocolat dans le bol allant au four à micro-ondes et demande à un adulte de les faire fondre au micro-ondes. Étends le chocolat fondu sur la crème glacée à la vanille.

6. Saupoudre la chapelure de biscuits au chocolat sur le chocolat fondu. Mets le moule au congélateur pour faire durcir le chocolat.

7. Sors le dessert à la crème glacée du congélateur et retire-le délicatement du moule. Demande à un adulte de plonger un couteau tranchant dans de l'eau chaude, puis de couper une tranche. Et voilà, tu as un profil pédologique à la crème glacée.

QUE S'EST-IL PASSÉ?

Tu as créé un modèle de profil de sol avec de la crème glacée. Ce modèle représente les différentes couches que tu pourrais voir si tu creusais un trou profond dans ta cour. En commençant par le haut : la chapelure au chocolat représente l'**humus**, les matières organiques comme les feuilles et les végétaux à la surface du sol. Dessous, la crème glacée à la vanille est la couche arable qui contient les deux matières, organiques et inorganiques nécessaires à la croissance des végétaux. Ensuite, la crème glacée au chocolat représente les couches du sous-sol composées de minéraux qui contiennent moins de matières organiques. Les guimauves représentent la couche du sous-sol rocheux et les fragments de roche qu'on appelle matériau parental. Et enfin, tu arrives aux biscuits graham qui sont l'assise rocheuse du sol.
Vas-y, creuse et mange!

5. Terrain neutre

La végétation pousse mieux dans certains sols que dans d'autres. Les asperges de mer poussent bien dans des régions où le sol salin ferait périr la plupart des autres végétaux. Les plantes grasses se développent dans les terrains sablonneux bien drainés. Quant aux roses, elles préfèrent une terre noire riche contenant beaucoup de matières organiques et légèrement **acides**. Nous mesurons le degré d'acidité en utilisant une échelle des pH – moins le **pH** est élevé, plus le sol est acide. Déterminons l'acidité de ton sol.

Il te faut :

- un jardin
- un transplantoir ou une petite pelle
- une tasse à mesurer de 500 ml (2 tasses)
- des cuillères à mesurer
- des bandelettes d'analyse du pH (en vente dans les centres de jardin ou les animaleries)
- une bouteille d'eau distillée (en vente dans les épiceries)
- 2 contenants en plastique munis de couvercles
- de la terre
- des filtres à café

Marche à suivre :

1. Choisis un endroit dans le jardin puis, avec un transplantoir ou une petite pelle, enlève les feuilles et les brindilles à la surface du sol. Ramasse environ 250 ml (1 tasse) de terre arable. Retire les brindilles, les roches, les plantes, les insectes ou les vers de la tasse. Place cet échantillon dans un contenant en plastique, défais les mottes de terre s'il y en a et mélange bien le tout.

2. Mets environ 60 ml (¼ tasse) de cette terre dans un autre contenant en plastique. Ajoutes-y 60 ml (¼ tasse) d'eau distillée. N'utilise pas l'eau du robinet, car son pH pourrait ne pas être **neutre**.

3. Ferme le couvercle et secoue le contenant.

4. Pose le contenant sur une surface plane et laisse la terre se déposer.

5. Lorsque l'eau dans la partie supérieure du contenant est presque claire, enfonce un filtre à café pour recueillir un peu d'eau filtrée. Trempe l'extrémité d'une bandelette d'analyse de pH dans ce liquide. Consulte le tableau des couleurs fourni avec les bandelettes pour savoir à quel pH correspond la couleur de ta bandelette.

6. Refais cette expérience en utilisant de la terre provenant d'une autre partie du jardin ou d'une forêt, d'un parc ou d'un champ. Le pH est-il le même que celui de la terre autour de chez toi?

QUE S'EST-IL PASSÉ?

Si la couleur de la bandelette de pH était jaune ou orange, ton échantillon était acide. Si elle était verte, cela signifie que l'échantillon était neutre; si elle était vert foncé, il était alcalin. Le pH des sols que tu as analysés peut avoir varié de moins de 7 (acide) à plus de 7 (alcalin). Un sol neutre a un pH de 7. Tout comme les gens préfèrent certains aliments à d'autres, les végétaux préfèrent certains sols à d'autres. Les tomates poussent mieux dans un sol légèrement acide avec un pH de 5,5 à 7. La laitue périra dans un sol trop acide, tandis que si tu y cultives des bleuets tu récolteras des paniers de fruits. En connaissant le pH du sol, les jardiniers et les fermiers peuvent cultiver les végétaux qui conviennent le mieux.

6. Plan B

Maintenant que tu connais le pH de la terre de ton jardin, est-il possible de le changer pour qu'elle soit plus alcaline ou plus acide?

Il te faut :

- de l'eau
- 4 petits contenants en plastique munis de couvercles
- des bandelettes d'analyse du pH (en vente dans les pharmacies, les centres de jardin et les animaleries)
- une tasse à mesurer

- des cuillères à mesurer
- un stylo
- du papier
- du vinaigre
- du bicarbonate de sodium
- de la terre
- un marqueur

Marche à suivre :

1. À l'aide de ton marqueur, numérote les contenants de 1 à 4 et verse 125 ml (½ tasse) d'eau dans chacun d'eux. Trempe l'extrémité d'une bandelette de pH dans ce liquide. Consulte le tableau des couleurs pour savoir à quel pH correspond la couleur de ta bandelette. Note le pH de chaque échantillon.

2. Ajoute 30 ml (2 c. à soupe) de vinaigre dans le premier contenant. Trempes-y une bandelette et note le pH du mélange.

3. Ajoute 30 ml (2 c. à soupe) de bicarbonate de sodium dans le deuxième contenant. Mets le couvercle sur le contenant et secoue-le pour bien mélanger. Trempes-y une bandelette et note le pH du mélange.

4. Ajoute 60 ml (¼ tasse) de terre dans le troisième et le quatrième contenant. Mets les couvercles sur les contenants et secoue-les pour bien mélanger le tout. Laisse reposer jusqu'à ce que le liquide dans la partie supérieure des contenants soit clair. Trempes-y une bandelette et note le pH du mélange.

5. Ajoute 30 ml (2 c. à soupe) de vinaigre dans le troisième contenant et 30 ml (2 c. à soupe) de bicarbonate de sodium dans le quatrième contenant. Mets les couvercles sur les contenants et secoue-les pour bien mélanger le tout. Laisse reposer jusqu'à ce que le liquide dans la partie supérieure des contenants soit clair. Trempes-y une bandelette et note le pH du mélange.

QUE S'EST-IL PASSÉ?

Tu as appris à changer le pH de la terre. Le fait d'ajouter du vinaigre et du bicarbonate de sodium a changé le pH de l'eau. Le vinaigre fait diminuer le pH de l'eau ou la rend plus acide, car c'est un **acide**. Le bicarbonate de sodium augmente le pH ou rend l'eau plus alcaline parce que c'est une base. Lorsque tu as ajouté du vinaigre et du bicarbonate de sodium au mélange de terre, le pH n'a pas changé autant que lorsque tu les as ajoutés à l'eau. C'est parce que le sol joue un rôle de tampon. Les tampons sont des mélanges qui absorbent les **acides** et les **bases** afin que le pH ne change pas trop.

7. Changement de couleur

Tu sais que les feuilles changent de couleur à l'automne, mais est-il possible de modifier la couleur des fleurs d'une plante? Avec un peu de patience et l'aide de la science, tu peux changer le pH pour qu'une fleur rose devienne bleue et qu'une fleur bleue devienne rose.

Il te faut :

- une petite hydrangée rose en pot (en vente au printemps)
- une petite hydrangée bleue en pot (en vente au printemps)
- des cuillères à mesurer
- de la chaux dolomitique (en vente dans les animaleries et les centres de jardin)
- du marc de café
- des aiguilles de pin sèches
- un transplantoir ou une petite cuillère

REMARQUE : N'utilise pas une hydrangée blanche pour cette expérience, car elle ne changera pas de couleur. Les plantes qui sont dans de gros contenants prendront plus de temps à changer de couleur que celles dans les petits pots.

Marche à suivre :

1. Utilise la cuillère ou le transplantoir pour mélanger 15 ml (1 c. à soupe) de marc de café à la terre de l'hydrangée rose. Couvre la terre d'une couche d'aiguilles de pin et arrose la plante.

2. Ajoute 15 ml (1 c. à soupe) de chaux dolomitique dans le pot contenant l'hydrangée bleue. Avec la cuillère ou le transplantoir, mélange-la à la terre. Arrose la plante.

3. Une fois par semaine, ajoute 15 ml (1 c. à soupe) de marc de café à la plante rose et 15 ml (1 c. à soupe) de chaux dolomitique à la plante bleue.

4. Observe les fleurs de chaque plante.

QUE S'EST-IL PASSÉ?

En quelques mois, les fleurs de l'hydrangée rose sont devenues bleues et les fleurs de l'hydrangée bleue sont devenues roses. Les hydrangées contiennent des produits chimiques colorés, ou **pigments**, appelés **anthocyanines**. La même anthocyanine sera rose ou bleue selon la quantité d'aluminium dans la plante. Le marc de café a rendu la terre plus acide, ce qui a permis à la plante d'absorber plus d'aluminium et le pigment est devenu bleu. Au lieu d'ajouter du café, certaines personnes utilisent du jus de cornichon qui contient du vinaigre et parfois de l'aluminium. En revanche, en ajoutant de la chaux dolomitique à la terre, elle devient plus alcaline, ce qui réduit l'aluminium dans les fleurs; le pigment devient alors rose.

8. Par terre

Chaque fois que tu glisses pour atteindre un but au baseball, que tu cours sur le gazon pour attraper un disque volant ou que tu te promènes en forêt, tu marches sur des millions de créatures microscopiques. Comment pourrais-tu voir ces minuscules bestioles?

Il te faut :

- l'aide d'un adulte
- une bouteille d'eau ou de boisson gazeuse de 2 L en plastique recyclable
- des ciseaux
- de l'alcool à friction
- un carré de tulle de nylon de 30 cm (1 pied). (Demande la permission de découper une vieille éponge filet pour la douche.)

- une lampe de bureau réglable
- de la terre fraîche du jardin
- des feuilles, du gazon ou d'autres matières végétales
- une loupe
- du papier de bricolage noir
- du ruban adhésif
- un couvercle blanc d'un contenant

Marche à suivre :

1. Demande à un adulte de couper le tiers supérieur de la bouteille. C'est ton entonnoir. Mets l'entonnoir à l'envers et place-le dans la bouteille d'eau coupée. Maintenant, si tu verses un liquide dans l'entonnoir, il s'accumulera au fond de la bouteille.

2. Entoure de papier noir le bas de la bouteille de manière à ce que les deux tiers soient recouverts et fixe-le avec le ruban adhésif.

3. Verse 125 ml (½ tasse) d'alcool à friction dans l'entonnoir pour couvrir le fond de la bouteille.

4. Place le tulle de nylon dans l'entonnoir de manière à ce qu'il forme un bol pour retenir ton échantillon de terre. Laisse un espace entre le fond du bol en tulle et l'entonnoir. Rabats les bords du tulle et colle-les à l'extérieur du contenant avec du ruban adhésif pour les tenir en place.

5. Ramasse assez de terre fraîche et humide autour de ta maison et dans le jardin pour remplir le bol aux trois quarts. N'utilise pas de terreau en sac. Ajoute des matières végétales sur la terre. Si tu vois des insectes ou des vers dans la terre, enlève-les.

6. Dépose la bouteille et son entonnoir sur une table et place la lampe de bureau au-dessus de l'entonnoir. L'ampoule de la lampe devrait être à environ 13 cm (5 po) de la surface de la terre. Tu as fabriqué un entonnoir de Berlese.

7. Laisse la terre sous la lumière pendant deux heures. Retire le papier noir qui est fixé à l'extérieur de la bouteille. Qu'est-ce qui rampe (flotte) dans l'alcool?

8. Place les créatures sur un couvercle en plastique blanc et examine-les avec une loupe.

9. Répète l'expérience en utilisant de la terre provenant d'un autre coin du jardin. As-tu trouvé les mêmes types d'organismes?

Remarque : **Tu peux rincer l'entonnoir et le collecteur afin de les utiliser pour l'expérience « filtre à charbon » de la page 36.**

QUE S'EST-IL PASSÉ?

Tu as examiné plusieurs types d'animaux, y compris de minuscules animaux segmentés et dotés de pattes articulées appelés microarthropodes qui se trouvaient dans la terre et que tu as isolés grâce à l'entonnoir de Berlese. Les microarthropodes sont descendus dans l'entonnoir pour s'éloigner de la lumière; ils ont été piégés et conservés dans l'alcool au fond de la bouteille. Selon l'échantillon de terre, ces animaux peuvent comprendre de très petits insectes, arachnides, crustacés, chilopodes et diplopodes. Ces créatures broient les feuilles afin qu'elles puissent se décomposer et libérer des éléments nutritifs. Elles peuvent aussi manger d'autres petits insectes, champignons et bactéries dans la terre. Par contre, certains arthropodes sont nuisibles, car ils mangent les feuilles et les racines des plantes.

9. Autant en emporte le vent

Il y a eu une terrible **sécheresse** dans les années 30 au Canada et aux États-Unis. Non seulement de grandes parties de ces pays se sont désséchées, mais aussi des vents violents ont soufflé sur les terres emportant avec eux la riche couche arable. Les « bols de poussière », comme on les a appelés, ont détruit un quart de toutes les terres agricoles. Tu crois peut-être que la terre reste en place, mais voyons si c'est vrai.

Il te faut :

- 3 gobelets en plastique jetables
- de la terre sèche
- du sable
- de la terre humide
- un petit contenant avec une plante et de la terre humide

Marche à suivre :

1. Va à l'extérieur et remplis à ras bord un gobelet de terre sèche, un gobelet de sable et un gobelet de terre humide. Ne tasse pas la terre quand tu remplis les gobelets.

2. Tiens le gobelet contenant de la terre sèche à la hauteur de ta bouche de façon à ce que le rebord soit au niveau de tes lèvres. Prends une grande inspiration et souffle aussi fort que tu peux sur la surface de la terre.

3. Fais la même chose avec le gobelet contenant le sable, puis avec celui contenant la terre humide.

4. Prends le contenant avec la plante et souffle dessus.

5. Compare le niveau de terre dans les gobelets contenant du sable, de la terre sèche et de la terre humide avec celui du pot qui contient la plante. Quel contenant a perdu le plus de matière?

QUE S'EST-IL PASSÉ?

Tu as remarqué que le gobelet de terre humide et celui avec la plante ont perdu moins de terre que le gobelet de sable et celui de terre sèche. Souffler sur la surface des contenants était semblable à un vent fort balayant les terres. L'humidité aide les particules de terre à rester collées ensemble. Les racines des plantes ancrent la terre tandis que les feuilles, les branches et les tiges des végétaux coupent le vent et ainsi protègent le sol. Si les végétaux s'assèchent et meurent pendant une sécheresse, ils ne retiennent plus la couche arable qui est riche en éléments nutritifs et permet aux végétaux de se développer. On appelle érosion le mouvement des matières d'un endroit à un autre constituant le sol.

Le savais-tu?

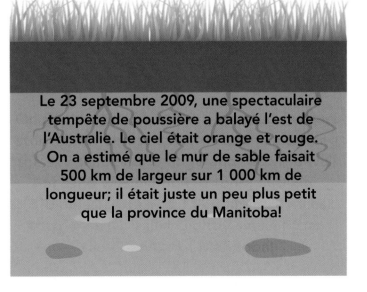

Le 23 septembre 2009, une spectaculaire tempête de poussière a balayé l'est de l'Australie. Le ciel était orange et rouge. On a estimé que le mur de sable faisait 500 km de largeur sur 1 000 km de longueur; il était juste un peu plus petit que la province du Manitoba!

10. Alerte de crue

Tu crois peut-être qu'après une longue période de sécheresse une bonne averse est la bienvenue. Mais souvent elle est néfaste. Au lieu de pénétrer dans la terre dure et craquelée, l'eau se transforme en rivière et emporte la couche arable. Pourquoi?

Il te faut :

- 3 gobelets jetables
- de la terre
- plusieurs pièces de 10 cents
- un arrosoir
- une surface gazonnée

Marche à suivre :

1. Remplis 3 gobelets de terre jusqu'à ras bord et appuie dessus pour qu'elle soit bien compacte.

2. Place les gobelets de terre à l'extérieur sur une surface plane.

3. Dépose plusieurs pièces de monnaie sur chacun des gobelets de terre.

4. En tenant l'arrosoir bien au-dessus du premier gobelet, arrose-le quelques secondes pour imiter une averse.

5. Répète ce geste à environ 30 cm (1 pi) au-dessus du deuxième gobelet et arrose-le pendant environ 15 secondes, comme s'il s'agissait d'une pluie légère.

6. En tenant l'arrosoir près de la surface du troisième gobelet, arrose la terre pendant environ 30 secondes, comme s'il s'agissait d'une pluie abondante.

7. Dépose plusieurs pièces de monnaie sur une surface gazonnée plane et refais cette expérience. Que se passe-t-il?

QUE S'EST-IL PASSÉ?

Lorsque l'eau est tombée comme une averse, les pièces de monnaie n'ont pas été emportées, et la terre a absorbé une partie de l'eau. La pluie légère a charrié un peu de terre qui s'est amoncelée autour des pièces. Là aussi, une partie de l'eau a pu pénétrer dans la terre. Telle une crue subite, la pluie abondante a entraîné les pièces, et la terre n'a presque pas absorbé d'eau. Par contre, la surface gazonnée a pu absorber l'eau sans perturber le sol, et les pièces n'ont pas bougé. Cela arrive durant une grosse averse. Après une sécheresse, une pluie légère est donc préférable pour le sol.

11. Tu me fais craquer

Comme tu as pu le constater, la terre est composée de nombreuses matières. Il y a peut-être des pierres de différentes formes, couleurs et tailles dans tes échantillons de terre. Comment se fait-il que ces pierres se brisent pour former de petits cailloux?

Il te faut :

- plusieurs petits contenants jetables propres en plastique avec couvercles ou contenants à nourriture en plastique aux parois minces
- une petite tôle à biscuits ou un plateau en métal
- de l'eau
- un congélateur

Marche à suivre :

1. Fais assez de place dans ton congélateur pour y loger une petite tôle à biscuits ou un plateau en métal à plat avec les contenants dessus.

2. Dispose les contenants en plastique sur le plateau et remplis-les d'eau jusqu'à ras bord. Mets les couvercles sur les contenants.

3. Laisse les contenants au congélateur toute la nuit.

4. Retire les contenants congelés et apporte-les à l'extérieur. Laisse tomber les contenants sur le trottoir. Assure-toi de bien ramasser les morceaux de plastique.

QUE S'EST-IL PASSÉ?

Si tu as utilisé un contenant en plastique mince, il a peut-être craqué quand l'eau a gelé et a pris de l'expansion. Comme l'eau occupe plus d'espace, elle force le contenant à s'ouvrir. Lorsque tu as laissé tomber les contenants sur le ciment, le plastique a éclaté et la glace à l'intérieur a craqué. Dans la nature, l'eau dans les fissures des roches gèle et dégèle, et tout comme dans ton expérience, avec le temps, les roches peuvent se fracturer. Les mouvements des animaux et des végétaux peuvent aussi casser les roches, de même que la croissance des cristaux et l'action du vent et de l'eau. On appelle **altération** mécanique la fracturation des roches et des minéraux par ces processus.

12. Changement d'atmosphère

D'où vient la terre? La nature ne peut simplement pas commander un chargement de terre arable et le faire livrer au bon endroit. Alors quelle est l'explication?

Il te faut :

- de la craie
- un bol en plastique
- un compte-gouttes ou une cuillère à thé
- du vinaigre blanc
- de la laine d'acier fine (celle qui ne contient pas de détergent)
- des gants (pour protéger tes mains de la laine d'acier)
- des cuillères à mesurer
- du sel de table
- 125 ml (½ tasse) de gros sel
- 4 sacs en plastique refermables
- de l'eau
- une loupe

Marche à suivre :

1. Mets un petit morceau de craie dans un bol en plastique et dépose quelques gouttes de vinaigre blanc au bout de la craie avec un compte-gouttes ou une cuillère à thé. Observe et écoute attentivement.

2. Enfile les gants pour manipuler la laine d'acier. Dépose un petit morceau de laine d'acier dans chacun des trois sacs en plastique. Referme le premier sac. Ajoute 30 ml (2 c. à soupe) d'eau dans le deuxième sac et referme-le. Ajoute 5 ml (1 c. à thé) de sel de table et 30 ml (2 c. à soupe) d'eau dans le troisième sac et scelle-le. Laisse les sacs sur une surface plane pendant deux ou trois jours. Examine la laine d'acier dans chacun des sacs.

3. Mets 125 ml (½ tasse) de gros sel dans le quatrième sac en plastique et scelle-le. En tenant le sac par l'extrémité scellée, frappe-le contre une surface dure, comme le rebord d'un comptoir, pendant 10 secondes environ. Observe attentivement le sel dans le sac. A-t-il changé?

QUE S'EST-IL PASSÉ?

La craie est composée de produits chimiques contenant du calcium. Si ta craie était principalement composée de carbonate de calcium, lorsque des gouttes de vinaigre sont tombées dessus, des bulles de dioxyde de carbone, un gaz sans couleur ni odeur, auraient dû se former. Par contre si la craie était composée de sulfate de calcium, une substance qui ne réagit pas autant au vinaigre, tu n'aurais rien entendu ni vu. Les roches qui réagissent à l'eau ou aux acides témoignent de l'altération atmosphérique. La laine d'acier a changé dans le sac contenant l'eau et dans celui contenant l'eau et le sel. Le fer dans l'acier a réagi à l'oxygène de l'air, ce qui est un autre exemple d'altération atmosphérique. Le sel a accéléré la réaction. Les roches qui contiennent beaucoup de fer sont habituellement rouges à cause de la réaction entre le fer et l'oxygène. Le gros sel a changé aussi. Il s'est brisé en petits morceaux lorsque les grains se sont entrechoqués. Il s'agit encore d'un exemple d'altération mécanique. L'altération mécanique se produit lorsque les roches ou les minéraux subissent les effets de la chaleur, du froid, de l'eau ou de la pression.

Le savais-tu?

On dit des géologues, les scientifiques qui étudient la Terre, qu'ils « lèchent les roches ». Ils affirment qu'en goûtant une roche ils peuvent apprendre quelque chose à son sujet. Ils ne lèchent pas l'extérieur comme tu le fais avec un suçon! Ils cassent les roches pour les ouvrir et goûtent une partie qui n'a pas été en contact avec les gens, les animaux ou la pollution.

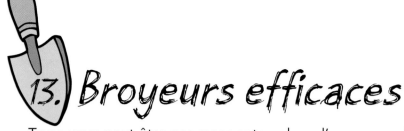

13. Broyeurs efficaces

Tu ne veux peut-être pas manger ta pelure d'orange, mais il y a une créature qui en ferait volontiers son festin et, en plus, ce serait bon pour l'environnement. Les vers (les rouges en particulier) sont les broyeurs à déchets de la nature. Ils aiment manger les matières organiques, comme les pelures de fruits et de légumes, les cœurs de pomme ou les feuilles de laitue qui brunissent. Permettons à ces vers de se régaler!

Il te faut :

- l'aide d'un adulte
- un contenant en plastique de 20 L (5 gallons) avec couvercle
- un marteau et un clou ou une perceuse avec une mèche fine
- de la mousse ou des feuilles mortes
- du sable
- de la terre de jardin
- de l'eau

- 500 g (1 lb) de vers rouges (dans les magasins d'articles de pêche ou des composteurs) ou des vers de terre de ton jardin
- des déchets de table comme des restes de fruits et de légumes, des coquilles d'œuf, mais pas de viande ni de produits laitiers ni d'aliments contenant du sel, du sucre ou des matières grasses

Marche à suivre :

1. Demande à un adulte de percer des trous avec le marteau ou la perceuse tous les 7 ou 8 cm (3 po) en haut du contenant et sur le couvercle. Chaque trou ne doit pas faire plus de 3 mm de largeur.

2. Garnis le fond du contenant d'une couche de mousse ou de feuilles mortes.

3. Dépose une couche de sable sur la mousse ou les feuilles.

4. Ajoute suffisamment de terre pour remplir presque tout le contenant. Il devrait y avoir assez d'espace au-dessus pour les tortillons que les vers produiront et pour permettre à l'air de circuler.

5. Arrose le mélange jusqu'à ce qu'il soit humide comme une éponge qu'on a pressée pour enlever toute l'eau.

6. Mets les vers dans le contenant. Regarde-les commencer à se creuser un chemin sous terre.

7. Ferme le contenant avec le couvercle.

8. Ajoute des déchets de table à ton composteur. Il faut couper les gros morceaux comme les pelures de banane. Choisis un endroit différent dans le composteur chaque fois que tu ajoutes des morceaux de nourriture. Assure-toi de ne pas trop nourrir tes vers (500 g de vers mangeront environ 250 g de déchets par jour). Mets ton composteur à l'extérieur dans un endroit ombragé et observe-le tous les jours.

9. Chaque mois, utilise le **compost** pour enrichir la terre des plates-bandes autour de ta maison. Avec le transplantoir, pousse doucement les vers d'un côté lorsque tu retires le compost. Ajoute ensuite de la nouvelle terre.

QUE S'EST-IL PASSÉ?

Tu as fabriqué un composteur. En donnant les restes de fruits et de légumes aux vers, non seulement les déchets ne se sont pas accumulés dans les sites d'enfouissement, mais en plus tu as obtenu du compost. Le compost est un excellent **engrais** pour ton jardin. Les vers aident les matières organiques à se décomposer à la surface de la terre, ce qui produit de l'humus riche en éléments nutritifs. Ils créent aussi des poches d'air dans le sol, ce qui aide les racines des plantes à pousser et à absorber l'air et l'eau.

14. Sol spongieux

La publicité à la télévision nous dit souvent que tel produit est plus absorbant que tel autre. On peut dire la même chose de la terre. Voyons les quantités d'eau que certaines matières peuvent absorber. Mais tous les sols sont-ils identiques?

Il te faut :

- une tasse à mesurer de 500 ml (2 tasses)
- un bol
- de l'eau
- une petite éponge de cuisine
- une débarbouillette ou un linge à vaisselle

Marche à suivre :

1. Verse 500 ml (2 tasses) d'eau dans un bol. Trempe une éponge sèche dans l'eau jusqu'à ce qu'elle soit complètement imbibée. Lorsque l'éponge a absorbé le maximum d'eau, tiens-la au-dessus du bol. Laisse l'excès d'eau dégoutter dans le bol sans serrer l'éponge.

2. Mets l'éponge au-dessus de la tasse à mesurer vide et presse-la pour en retirer le plus d'eau possible. Note la quantité d'eau qui se trouve dans la tasse à mesurer.

3. Vide la tasse à mesurer puis remplis-la cette fois-ci avec l'eau qui est restée dans le bol. Note le résultat.

4. Calcule la quantité d'eau absorbée par l'éponge : soustrais la quantité d'eau que tu as transvasée dans la tasse à mesurer de la quantité que tu avais au départ, soit 500 ml (2 tasses).

5. Répète les étapes 1 à 4 en utilisant une débarbouillette ou un linge à vaisselle au lieu de l'éponge.

QUE S'EST-IL PASSÉ?

L'éponge a absorbé une partie de l'eau dans le bol, mais pas toute parce qu'elle est devenue saturée. Ta débarbouillette ou ton linge à vaisselle n'ont pas absorbé la même quantité d'eau que l'éponge. Le sol absorbe l'eau aussi et il peut devenir saturé comme ton éponge; les végétaux prennent une partie de l'eau, mais pas toute. C'est important de savoir quelle quantité d'eau sera absorbée par le sol si tu veux faire de la culture.

15. Montée des eaux

Dans la dernière expérience, tu as vu que la terre absorbe de l'eau, qui est ensuite utilisée par les plantes. Mais comment les plantes font-elles pour boire cette eau?

Il te faut :

- l'aide d'un adulte
- un couteau
- du céleri
- un verre transparent
- de l'eau
- du colorant alimentaire

Marche à suivre :

1. Demande à un adulte de couper la partie blanche de la tige du céleri et de ne garder que le haut avec les feuilles.

2. Verse plusieurs centimètres d'eau dans un verre et ajoute quelques gouttes de colorant alimentaire dans l'eau.

3. Dresse le céleri dans le verre d'eau, les feuilles vers le haut. Pose le verre sur une surface plane et laisse-le pendant plusieurs heures.

4. Enlève le céleri du verre et demande à un adulte de le couper en deux sur la largeur. Qu'est-ce que tu vois?

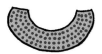 

QUE S'EST-IL PASSÉ?

L'eau contenant le colorant alimentaire a monté dans la tige du céleri pour se rendre jusque dans les feuilles. C'est par absorption que cela s'est produit, comme nous avons pu l'observer dans « sol spongieux » (à la page 30). Tu as vu des rayures colorées sur l'extérieur de la tige. Lorsque tu as fait une coupe transversale du céleri, tu as constaté que les rayures ressemblaient à des points de couleur qui montrent le trajet du colorant dans les cellules xylèmes de la tige jusqu'aux feuilles de la plante. Ces cellules transportent l'eau et les éléments nutritifs dissous provenant des racines de la plante dans la terre. Si l'eau ou la terre dans laquelle la plante pousse est contaminée par des polluants, elle peut aussi les absorber tout comme le colorant a monté dans la tige qui était dans l'eau.

16. Plan d'évacuation

Le sol n'est pas partout le même. Par exemple, il peut contenir beaucoup d'argile ou une bonne couche de roches ou de cailloux. Le sol près d'une forêt peut être constitué d'une riche couche d'**humus**, alors que près du lit d'une rivière, il aura une forte concentration de limon, mais peu d'éléments nutritifs. Quel est l'effet de ces différences sur la façon dont le sol retient l'eau?

Il te faut :

- un assistant
- 4 gros gobelets jetables (375 ml)
- une brochette en bois
- une tasse à mesurer de 250 ml
- du sable
- de l'argile
- de la terre loameuse (pas sableuse ni rocailleuse)

- du gravier ou des cailloux
- un petit bol
- de l'eau
- un chronomètre ou une montre avec trotteuse

Marche à suivre :

1. Utilise la brochette pour percer 5 trous au fond de chaque gros gobelet jetable.

2. À l'aide de la tasse à mesurer, mets 125 ml (½ tasse) de sable dans le premier gobelet, 125 ml (½ tasse) d'argile dans le deuxième et 125 ml (½ tasse) de terre loameuse dans le troisième. Dans le quatrième gobelet, mets 60 ml (¼ tasse) de gravier et ajoute 60 ml (¼ tasse) de terre sur le gravier.

3. Tiens le gobelet contenant le sable au-dessus d'un bol et verse 250 ml (1 tasse) d'eau dedans. Demande à ton assistant de chronométrer le temps qu'il faut pour que l'eau passe à travers le sable. Mesure la quantité d'eau dans le bol.

4. Répète l'étape 3 avec le gobelet d'argile, le gobelet de terre, puis le gobelet contenant les cailloux et la terre. Dans quel gobelet l'eau s'est-elle écoulée le plus vite? Quel gobelet a retenu le plus d'eau?

QUE S'EST-IL PASSÉ?

L'eau s'est écoulée plus vite à travers le sable et le mélange terre et gravier qu'à travers l'argile ou la terre. La capacité de la terre de se laisser traverser par l'eau s'appelle la perméabilité. Si la terre n'est pas perméable, l'eau ne s'évacuera pas et les végétaux qui y poussent auront alors trop d'eau, ce qui fera pourrir leurs racines. Comme les particules du sable sont plus grosses que celles de l'argile, il y a plus d'espace entre elles et l'eau peut les traverser plus facilement. La terre loameuse et le mélange terre et gravier ont absorbé plus d'eau que le sable. En emmagasinant de l'eau, ce genre de sols permet aux végétaux de pousser sans qu'ils pourrissent, car l'eau peut aussi s'évacuer.

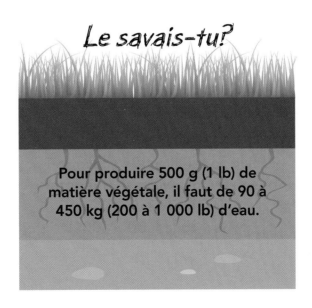

Le savais-tu?

Pour produire 500 g (1 lb) de matière végétale, il faut de 90 à 450 kg (200 à 1 000 lb) d'eau.

17. Dur comme de la roche

Comme tu l'as appris, les roches peuvent se briser de différentes manières, par exemple par l'altération atmosphérique et par l'action du gel et du dégel. Mais y a-t-il des roches et des minéraux qui se brisent plus facilement que d'autres pour former de la terre?

Il te faut :

- une pièce d'un cent
- un clou ordinaire
- de la craie ou du talc
- du gypse (en vente dans les magasins de matériaux de construction)
- de la calcite (dans une boutique de loisirs créatifs)
- un petit morceau de verre
- un clou à béton
- diverses roches du jardin

Marche à suivre :

1. Place côte à côte la pièce d'un cent, le clou ordinaire, le morceau de verre, puis le clou à béton. Ce sont tes testeurs.

2. Le premier testeur est ton ongle. Racle la craie avec ton ongle. Est-ce que ton ongle arrive facilement à la rayer?

3. Racle un morceau de gypse avec ton ongle. Est-il aussi facile d'y laisser une rayure que dans la craie?

4. Essaie de racler un morceau de calcite avec ton ongle. Maintenant, essaie de le rayer avec la pièce d'un cent. Essaie de rayer le verre avec la pièce.

5. Teste chacun de tes échantillons de roche en utilisant tour à tour tes testeurs jusqu'à ce que tu parviennes à rayer la roche. Commence avec ton ongle, puis essaie avec la pièce d'un cent, le clou ordinaire, le verre et enfin, le clou à béton.

QUE S'EST-IL PASSÉ?

Tu as découvert qu'il était plus facile de briser ou de rayer certaines roches. Friedrich Mohs, un minéralogiste autrichien, a inventé une échelle de dureté des minéraux en 1812. Il a utilisé dix minéraux à titre de référence afin de déterminer la dureté des minéraux et d'autres objets. Ces dix minéraux ont été classés sur une échelle allant du plus tendre au plus dur.

ÉCHELLE DE MOHS

Talc	Gypse	Calcite	Fluorite	Apatite	Microcline	Quartz	Topaze	Corindon	Diamant
1.	2.	3.	4.	5.	6.	7.	8.	9.	10.

◄─────────── tendre ──────────────────────────────── dur ───────►

Le savais-tu?

Les tailleurs de diamants utilisent des diamants pour tailler d'autres diamants. Ils font une rainure dans le diamant le long d'une partie faible de la pierre et frappent fort le long de cette rainure avec une lame d'acier pour couper le diamant en deux. Ensuite, ils peuvent le scier ou le polir en utilisant des diamants ou des lames et des meules à diamants rapportés. On peut aussi utiliser des lasers pour tailler les diamants, mais cela prend plus de temps.

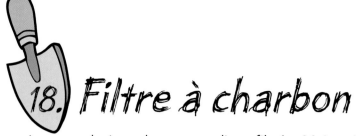

18. Filtre à charbon

Les gens boivent beaucoup d'eau filtrée. Mais existe-t-il une façon de fabriquer un filtre?

REMARQUE : Ne bois pas l'eau que tu as filtrée. Jette-la après l'expérience et demande à un adulte de bien nettoyer les articles de cuisine que tu as utilisés.

Il te faut :

- l'aide d'un adulte
- une bouteille d'eau ou de boisson gazeuse de 2 litres en plastique ou l'entonnoir de Berlese de la page 20
- des ciseaux
- un filtre à café ou une feuille d'essuie-tout
- du charbon de bois actif écrasé et lavé (en vente dans les animaleries)

- du sable fin et propre
- du gros sable, propre
- de petits cailloux propres
- des tampons d'ouate
- du colorant alimentaire de différentes couleurs
- de l'eau
- un verre
- un rouleau à pâtisserie

Marche à suivre :

1. Rince tes cailloux jusqu'à ce que l'eau soit parfaitement claire.

2. Demande à un adulte de couper le tiers supérieur de la bouteille d'eau avec les ciseaux. C'est ton entonnoir. Insère-le dans la bouteille coupée. Maintenant, si tu verses un liquide dans l'entonnoir, il s'accumulera au fond.

3. Mets le filtre à café ou l'essuie-tout dans l'entonnoir.

4. Dispose une couche de tampons d'ouate au fond du filtre de papier.

5. Ajoute une couche de 2 cm (¾ po) de petits cailloux sur les tampons d'ouate.

6. Étends une couche de 2 cm (¾ po) de gros sable sur les petits cailloux.

7. Mets une couche de 2 cm (¾ po) de sable fin sur le gros sable.

8. Rince le charbon de bois sous l'eau du robinet, puis utilise un rouleau à pâtisserie pour l'écraser. Assure-toi que le charbon a une texture fine, puis ajoute un peu d'eau pour faire une pâte. Étale cette pâte sur le sable fin. Voilà, tu as fabriqué un filtre.

9. Ajoute un peu de colorant alimentaire de chaque couleur dans un verre d'eau. Verse 250 ml (1 tasse) d'eau colorée dans le filtre et observe ce qui se passe lorsqu'elle traverse le filtre avant de s'accumuler au fond.

10. Si tu le désires, prends l'eau filtrée de l'étape 9 et remets-la dans le filtre. Était-ce différent la deuxième fois?

11. Jette l'eau, le sable, le charbon de bois, les cailloux, le filtre à café et les tampons d'ouate.

QUE S'EST-IL PASSÉ?

Tu as créé ton propre filtre. Le filtre a enlevé une partie de la couleur de l'eau. Après avoir traversé les cinq couches, l'eau était moins colorée. Le colorant alimentaire est composé de particules qui sont **adsorbées** (retenues) par le charbon de bois. Certaines couleurs de colorant alimentaire sont mieux adsorbées que d'autres. Les cailloux et le sable créent de petites poches d'air qui empêchent le charbon de former une masse compacte et de bloquer le filtre. La terre agit comme un filtre en éliminant les impuretés, de la même manière que tu as supprimé les couleurs de ton échantillon d'eau.

19. Poussée de croissance

Ton corps a besoin de certains aliments pour avoir des os solides et pour rester en bonne santé. Mais est-ce que les végétaux ont aussi besoin d'éléments nutritifs pour devenir grands et forts?

Il te faut :

- du ruban-cache
- un stylo
- 3 jardinières identiques
- 3 petits plants identiques comme de la laitue, du cresson ou du persil
- du terreau
- un engrais commercial pour végétaux en vente dans les supermarchés et les centres de jardin
- du compost (voir Broyeurs efficaces à la page 28)
- de l'eau
- une caméra jetable ou numérique

Marche à suivre :

1. Avec le ruban-cache et le stylo, étiquette les jardinières comme suit :
   Plant 1 = Eau; Plant 2 = Compost; Plant 3 = Engrais.

2. Mets un plant avec du terreau dans la jardinière 1 et utilise seulement l'eau du robinet pour garder ce plant humide.

3. Mets un plant avec un mélange de terreau et de compost dans la jardinière 2 et utilise l'eau du robinet pour garder ce plant humide.

4. Mets un plant avec du terreau dans la jardinière 3 et utilise l'engrais et l'eau du robinet pour garder ce plant humide.

5. Pose les 3 jardinières sur une surface plane au soleil et observe leur croissance pendant plusieurs semaines. Chaque jour, assure-toi que la terre est humide. Note la hauteur des plants, le nombre de feuilles et leur taille. Quel plant a poussé le plus vite? Lequel a poussé le moins vite?

QUE S'EST-IL PASSÉ?

Si tous les autres facteurs, comme le soleil et l'eau, étaient présents en quantités identiques, ton plant avec l'engrais aurait dû pousser le plus vite. Les engrais commerciaux contiennent trois éléments nutritifs importants pour la croissance des végétaux : du nitrogène, du phosphore et du potassium. La quantité de chacun est inscrite sur le contenant. Par exemple, les nombres apparaissant sur ton engrais peuvent être 12-5-4. Cela signifie que l'engrais contient 12 % de nitrogène, 5 % de phosphore et 4 % de potassium. Le nitrogène aide les végétaux à produire leur pigment vert, ou la chlorophylle, et de ce fait à pousser plus vite. Le phosphore est important pour que les racines soient solides et les fleurs abondantes. Le potassium aide les plants à se protéger des maladies et des températures extrêmes. Le compost contient aussi ces éléments nutritifs, mais en plus petite quantité que l'engrais commercial. L'avantage d'utiliser le compost dans ton jardin, c'est qu'il contient aussi des matières organiques et des microorganismes dont le sol a besoin pour rester en bonne santé avec un arrosage approprié.

20 Culture hydroponique

Voici une activité géniale qui allie le recyclage, la botanique, la conservation de l'eau et la science du sol. Tu vas faire de la **culture hydroponique** en miniature. Le mot « hydroponique » vient des racines grecques « hydro », qui signifie « eau », et « ponos », qui signifie « travail ». Alors, laissons l'eau faire le travail.

Il te faut :

- l'aide d'un adulte
- une bouteille d'eau ou de boisson gazeuse de 2 L, propre avec un bouchon
- des ciseaux
- de la perlite (en vente dans les centres de jardin)

- une petite plante
- une solution hydroponique ou un engrais en poudre (en vente dans les centres de jardin)
- un vieux tee-shirt en coton
- de l'eau en bouteille

Marche à suivre :

1. Demande à un adulte de couper la bouteille d'eau en deux avec des ciseaux pointus. La partie supérieure de la bouteille sera ta « jardinière ». La partie du bas te servira de citerne d'eau. Laisse le bouchon sur le goulot de la bouteille.

2. Avec la paire de ciseaux, coupe une bande de 4 cm (1,5 po) de largeur et 10 cm (4 po) de longueur dans un vieux tee-shirt en coton. La bande de tissu te servira de mèche.

3. Demande à un adulte d'utiliser les ciseaux pour faire une petite fente horizontale d'environ 5 cm (2 po) de largeur près du goulot de la bouteille. C'est là que la mèche ira.

4. Insère une extrémité de la mèche dans la jardinière en la passant par la fente.

5. Place ta jardinière dans le contenant (la citerne), le goulot de la bouteille orienté vers le bas. La mèche devrait toucher le fond de la citerne.

6. Remplis la jardinière de perlite presque jusqu'à ras bord. Mets ta plante dans la perlite.

7. Suis le mode d'emploi de la solution hydroponique ou ajoute 1 ml (¼ c. à thé) d'engrais en poudre dans un litre d'eau en bouteille. Verse la solution ou l'eau avec l'engrais dans la jardinière et continue à verser jusqu'à ce que l'eau se soit évacuée et que la citerne contienne 5 cm (2 po) d'eau.

8. Pose la jardinière hydroponique sur une surface plane où elle aura du soleil, mais sans être exposée directement à ses rayons. Assure-toi que la jardinière reste humide en ajoutant un peu d'eau au besoin.

QUE S'EST-IL PASSÉ?

Tu as pu cultiver une plante sans utiliser de terre. Grâce à la mèche, les racines de la plante ont extrait les éléments nutritifs du liquide que tu utilisais. Les solutions hydroponiques contiennent du nitrogène, du phosphore et du potassium, ainsi que d'autres éléments nutritifs dont les plantes ont besoin pour bien se développer. Si tu as utilisé de l'engrais au lieu d'une solution hydroponique, ta plante a peut-être manqué de certains éléments nutritifs dont elle aurait eu besoin pour pousser plus vite et être en parfaite santé.

21. Prise d'air

Tu sais que la terre est vivante. Elle contient des organismes comme des bactéries, des insectes et des vers. Quoi d'autre? Voici un indice : respire profondément.

Il te faut :

- l'aide d'un adulte
- un champ, une pelouse ou un parc
- un vide-pomme
- un sac en plastique

- 3 grands verres transparents
- de l'eau
- du terreau

Marche à suivre :

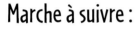

1. Trouve un petit carré de gazon vert. Demande à un adulte d'utiliser un vide-pomme pour prélever un échantillon de gazon et de terre. Essaie de garder l'échantillon en un seul morceau dans le vide-pomme. Dépose-le dans le sac en plastique.

2. Remplis d'eau un grand verre transparent. Retire le vide-pomme du sac en plastique, enlève doucement l'échantillon du vide-pomme et mets-le dans l'eau. Observe l'échantillon qui descend au fond du verre. Y a-t-il des bulles qui montent à la surface?

3. Répète l'expérience une autre fois en utilisant un échantillon provenant d'un endroit différent. Dépose-le dans un verre contenant de l'eau propre. Y a-t-il une différence entre les deux échantillons?

4. Prends un échantillon de terreau en sac et dépose-le dans un troisième verre d'eau propre. Est-ce qu'il y a une différence entre le terreau et la terre provenant de la pelouse?

QUE S'EST-IL PASSÉ?

Selon l'endroit où tu as prélevé ton échantillon et l'âge de la terre, tu as probablement vu de minuscules bulles monter à la surface quand la terre est descendue dans le verre. Lorsque tu as utilisé le terreau, tu n'as vu aucune bulle. Les végétaux qui poussent dans la terre agissent comme de la « colle » et les particules s'agglutinent ensemble. Si la végétation est détruite ou éliminée, la terre se désagrège. Le terreau ne contient pas de végétaux qui lui permettent de s'agréger, alors il ne retient pas beaucoup d'air. Parfois, les jardiniers et les fermiers « aèrent » le sol ou y font des trous, car la terre se compacte avec le temps et laisse peu de place à l'air et à l'eau dont les végétaux ont besoin pour se développer.

22. Plein de trous

Tu as vu que la terre est remplie d'air et que la quantité d'air et d'eau dans le sol varie beaucoup. Alors, comment cela se produit-il?

Il te faut :

- une tasse à mesurer de 500 ml (2 tasses)
- un verre en plastique de 500 ml (2 tasses)
- des billes
- du sable
- de l'eau

Marche à suivre :

1. Remplis ta tasse à mesurer de billes. Mets les billes dans le verre en plastique. Est-il plein?

2. Remplis la tasse à mesurer de sable. Verse le sable sur les billes en donnant de petits coups sur le verre jusqu'à ce qu'il soit bien rempli. Quelle quantité de sable reste-t-il? Est-ce que le verre est plein? Retire le sable qui reste de la tasse à mesurer.

3. Remplis la tasse à mesurer d'eau. Verse l'eau sur le sable et les billes jusqu'à ce qu'il soit bien rempli. Quelle quantité d'eau reste-t-il? Est-ce que le verre est plein?

QUE S'EST-IL PASSÉ?

Tu as été capable d'ajouter des matières dans le verre même s'il semblait plein à chaque fois. Si tu regardes attentivement après avoir ajouté l'eau, tu verras peut-être aussi des bulles d'air dans l'eau. Les terres sablonneuses sont comme des billes; il y a beaucoup d'espace entre les particules, et d'autres matières comme de l'air et de l'eau peuvent s'y loger. Dans la terre composée de limon plus fin ou d'argile, il y a moins d'espace entre les particules, ce qui empêche l'eau de s'infiltrer. S'il s'agit d'argile, qui a peu d'espace, aucune racine ne peut s'y développer. Si la terre contient trop de sable, elle ne pourra pas retenir les éléments nutritifs dont les végétaux ont besoin pour pousser. Il est important pour les fermiers de savoir de quoi leur terre est composée. Ils peuvent ainsi mieux la cultiver.

23. Cuisson à l'argile

« Terre cuite » décrit certains articles fabriqués avec de l'argile. Depuis plus de 5 000 ans, les gens utilisent de l'argile pour faire des sculptures, des récipients et aussi comme matériau de construction. Et si on s'amusait à faire cuire une pomme dans de l'argile?

Il te faut :

- l'aide d'un adulte
- 2 pommes à cuisson (Cortland, Fudji ou Gala)
- des cuillères à mesurer
- un bol
- ½ cuil. à thé de cannelle
- 1 cuil. à thé de jus de citron

- 2 petits pains pitas
- un couteau
- du papier parchemin
- de l'argile à poterie cuisant à basse température (en vente dans les magasins de matériel pour artistes)

- 2 cuil. à thé de sucre
- un four
- une tôle à biscuits
- des gants de cuisine
- un marteau

REMARQUE : Utilise SEULEMENT de l'argile à poterie, PAS de l'argile qui sèche à l'air libre, ni de l'argile de polymère comme Sculpey ou d'autres types d'argile.

Marche à suivre :

1. Préchauffe le four à 175 °C (350 °F).

2. Demande à un adulte de couper les pommes en dés. Mets-les dans un bol, ajoute 10 ml (2 cuil. à thé) de sucre et ½ cuil. à thé de cannelle. Mélange le tout, puis ajoute 5 ml (1 cuil. à thé) de jus de citron.

3. Demande à un adulte de faire une petite fente dans les pains pitas avec le couteau. Remplis chaque pain pita du mélange de pommes.

4. Place chaque « chausson aux pommes » sur du papier parchemin et replie les bords de manière à ce qu'ils se touchent au centre du pain pita. Replie-les deux fois pour les sceller. Ferme la pochette en repliant les deux autres bords du papier.

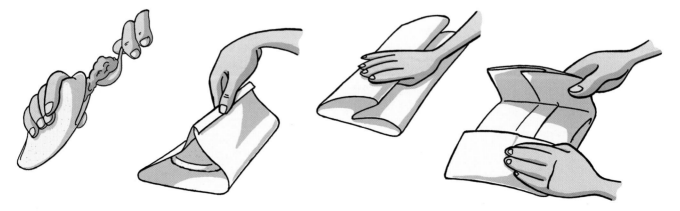

5. Étale l'argile afin qu'elle fasse environ ½ cm (¼ po) d'épaisseur et soit assez large pour envelopper entièrement l'une des pochettes.

6. Pose sur l'argile l'un des chaussons aux pommes enveloppé de papier parchemin et replie l'argile par-dessus. Pince les extrémités pour sceller parfaitement la poche. Dépose les deux pains pitas sur une tôle à biscuits non graissée.

7. Demande à un adulte de mettre la tôle au four et fais cuire les deux pains pitas pendant environ 40 minutes ou jusqu'à ce que l'argile durcisse. Ne t'inquiète pas si elle se craquelle.

8. Demande à un adulte de sortir les deux pitas du four. Laisse-les refroidir, puis à l'aide d'un marteau, casse le contenant en argile pour l'ouvrir. Quand les deux pitas ont suffisamment refroidi, examine-les et goûte-les. Quelles sont les différences?

QUE S'EST-IL PASSÉ?

Le « chausson aux pommes » cuit dans l'argile était moelleux et tendre tandis que celui enveloppé uniquement dans du papier parchemin était croustillant. Comme l'argile conserve l'humidité et la chaleur, le chausson est resté moelleux. La cuisson à l'argile est une méthode utilisée partout dans le monde. Dans de nombreuses cultures, le poisson ou la volaille sont rôtis dans l'argile, au four ou sur un feu de bois. On se sert aussi de l'argile depuis des milliers d'années pour fabriquer des contenants pour la cuisson ou pour entreposer les aliments et l'eau. On utilise aussi l'argile pour fabriquer des briques et des tuiles pour la construction et pour créer de magnifiques sculptures.

Le savais-tu?

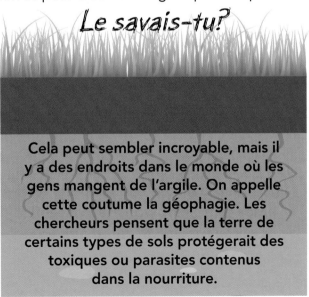

Cela peut sembler incroyable, mais il y a des endroits dans le monde où les gens mangent de l'argile. On appelle cette coutume la géophagie. Les chercheurs pensent que la terre de certains types de sols protégerait des toxiques ou parasites contenus dans la nourriture.

24. Effet noix du Brésil

Qu'est-ce qu'un pot de noix mélangées et un jardin au printemps ont en commun? Voici un truc scientifique qui permettra de mieux expliquer pourquoi des roches qui n'étaient pas dans ton jardin à l'automne apparaissent mystérieusement après la fonte des neiges.

Il te faut :

- un pot en plastique transparent avec couvercle (un petit pot de beurre d'arachides est parfait)
- du riz
- des noix en coque

Marche à suivre :

1. Dépose la noix au fond du pot.

2. Remplis le pot de riz et pose le couvercle sur le pot.

3. Tiens le pot droit d'une main et frappe dessous avec la paume de ton autre main.

4. Après avoir donné environ 10 coups, ouvre le couvercle du pot. Où est la noix?

5. Remets le couvercle sur le pot et retourne-le. Est-ce que tu arrives à ramener la noix au fond du pot?

QUE S'EST-IL PASSÉ?

La noix est remontée à la surface du pot. À chaque coup que tu donnais sur le pot, les grains de riz se détachaient les uns des autres, ce qui leur permettait de descendre autour de la noix. Lorsqu'ils sont passés sous la noix, ils l'ont fait bouger et remonter à la surface. Au printemps, tu vois des roches et des blocs de pierre qui sont remontés à la surface de la terre. Lorsque le sol gèle et dégèle, la terre se défait. Cette terre descend autour des roches et des blocs de pierre et les pousse à la surface du sol. Les scientifiques appellent cela « l'effet noix du Brésil ». Si tu donnes des coups sur une boîte de noix mélangées, comme à l'étape 3, toutes les grosses noix, comme les noix du Brésil, remonteront à la surface et les plus petites noix, comme les arachides, resteront au fond.

25. Survie 101

Penses-tu pouvoir recueillir de l'eau sans une source d'eau visible à proximité, comme un lac ou un ruisseau? Cette activité te montrera comment la terre peut étancher ta soif!

Il te faut :

- l'aide d'un adulte
- un jardin
- une journée chaude
- une pelle ou un transplantoir
- un gobelet jetable
- de la pellicule plastique
- de petites roches

Marche à suivre :

1. Demande à un adulte la permission de creuser un trou. Trouve un endroit plat et ensoleillé dans le jardin et, avec une pelle ou un transplantoir, creuse un trou de 20 cm x 20 cm (8 po x 8 po) de largeur et d'environ 20 cm (8 po) de profondeur. Laisse ce trou ouvert toute la nuit.

2. Tôt le lendemain matin, place un gobelet jetable dans le trou avec l'ouverture vers le haut.

3. Couvre le dessus du trou d'un morceau de pellicule de plastique d'environ 28 cm x 28 cm (11 po x 11 po). Dispose des roches ou des pierres sur les bords de la pellicule pour la maintenir en place.

4. Pose une petite roche ou une pierre au centre de la pellicule plastique de façon à ce qu'elle soit juste au-dessus du gobelet. La pellicule de plastique devrait former un cône.

5. Laisse le tout en place une nuit entière.

6. Le lendemain matin, examine le gobelet. Qu'y a-t-il dans le gobelet?

QUE S'EST-IL PASSÉ?

Au matin, tu as trouvé de l'eau dans le gobelet. L'air dans la terre est très humide. Cela signifie qu'elle contient beaucoup de vapeur d'eau. Pendant le jour, la chaleur du soleil fait **évaporer** l'eau de la terre, ce qui produit de la vapeur d'eau. Lorsque l'air se rafraîchit la nuit, cette vapeur d'eau se condense et passe à l'état liquide. La pellicule plastique emprisonne l'eau qui s'évapore, puis se condense. Lorsqu'il y a assez d'eau condensée sur le plastique, elle forme des gouttes qui tombent jusqu'au point le plus bas, sous la roche. Ton gobelet se remplit lentement à mesure que les gouttes d'eau y tombent.

Glossaire

Acide – substance aigre qui forme de l'eau et un sel lorsqu'elle est mélangée à une base

Adsorption – fixation des particules d'une substance sur une surface

Alcalin – qui contient une base

Altération – désintégration mécanique ou chimique des roches et du sol

Anthocyanine – pigments colorés que l'on trouve dans les végétaux

Argile – sol composé de particules minérales de très petite taille

Bactéries – minuscules microorganismes qui sont habituellement unicellulaires

Base – substance amère qui forme de l'eau et un sel lorsqu'elle est mélangée à un acide

Champignons – groupe d'organismes vivants, y compris la moisissure et la rouille, qui vivent sur de la matière en décomposition

Compost – mélange de matière végétale en décomposition utilisé pour fertiliser et améliorer le sol

Culture hydroponique – science consistant à cultiver des végétaux dans une solution nutritive sans avoir recours au sol

Évaporation – changement de l'état liquide à l'état gazeux

Engrais – toute matière qu'on ajoute au sol pour que les végétaux puissent mieux pousser

Humus – partie du sol provenant des matières végétales et animales en décomposition

Loameux – sol riche en éléments nutritifs comprenant de l'argile, du limon, du sable ainsi que des matières organiques

Matières organiques – matières vivantes comme les végétaux et les microorganismes dans le sol

Minéraux – substances inorganiques pures qui forment les roches

Neutre – ni acide, ni alcalin

pH – mesure de l'acidité; un pH élevé signifie que c'est une base, un pH bas, un acide. Un pH de 7 est neutre

Pigment – substance colorée

Sécheresse – longue période de temps sec

Sol – partie superficielle de l'écorce terrestre naturellement meuble ou ameublie par suite de l'altération des roches

Terre – couche meuble à la surface du sol contenant à la fois des matières inorganiques et organiques et dans laquelle poussent les végétaux